GUÍA DE INSTAGRAM PARA PROFESIONALES

NAVEGAR POR INSTAGRAM DE FORMA FACIL

Introducción:

Aquí encontrará "Instagram: una guía para profesionales". Esto es lo que me hubiese gustado saber cuando comencé en esta red social.

En la era de las redes digitales y la creación de marcas, Instagram es una herramienta formidable para los profesionales que buscan ampliar sus redes, avanzar en sus profesiones y comercializar sus empresas. Instagram, cuenta con más de mil millones de usuarios activos cada mes, presenta una oportunidad fantástica para interactuar con una gran audiencia, demostrar su experiencia como profesional en su área y mejorar su reputación profesional.

Este manual detallado está diseñado para proporcionar a los profesionales de todos los ámbitos de la sociedad las habilidades y estrategias que necesitan para maximizar fácilmente el potencial de Instagram eficazmente.

Si es emprendedor, propietario de una pequeña empresa, artista o ejecutivo corporativo, esta guía le brindará el conocimiento y los consejos que necesita para navegar exitosamente en Instagram.

¿Qué es Instagram?

Instagram, es una aplicación móvil muy conocida, que permite a los usuarios de las redes sociales publicar imágenes y videos con sus seguidores, interactuar con el contenido publicado dejando me gusta y comentarios, encontrar y seguir a otros usuarios.

Está centrado en lo visual y proporciona una gama de funciones y herramientas para establecer contactos tanto a nivel personal como profesional, así como para contar historias y expresarse creativamente.

Por qué Instagram es importante para los profesionales:

Instagram es una plataforma para compartir imágenes, pero también es una puerta a nuevas oportunidades, relaciones y desarrollo personal. Si tu objetivo es:

Promocione su empresa: haga que su marca sea más conocida, atraiga más clientes y aumente los ingresos.

Muestra tu talento: enfatiza tu propio trabajo y crea un portafolio que llame la atención.

Conéctese con colegas de su industria para formar una red de personas con ideas afines y posibles socios.

Cree liderazgo intelectual: preséntese como una autoridad en su industria y difunda sus conocimientos.

Mejore su marca personal: desarrolle una personalidad creíble que le conduzca a perspectivas profesionales.

Puede lograr estos objetivos y más con la ayuda de Instagram.

Comprender a su público objetivo

Conocer a su público objetivo implica determinar el grupo demográfico particular que tiene más probabilidades de estar interesado en sus productos o servicios. Implica recopilar información y examinar variables que incluyen datos demográficos, intereses, comportamientos y necesidades de los clientes potenciales.

Con el uso de esta información, puede centrar sus esfuerzos de marketing de Instagram en producir mensajes y contenido que atraigan a su grupo demográfico objetivo, lo que en última instancia resultará en una participación más efectiva, más lealtad a la marca y mayores tasas de conversión.

Definiendo tu identidad de marca

Definir la identidad de tu marca es el proceso de establecer una personalidad clara y distintiva para tu negocio en Instagram. Abarca elementos como los valores, la misión, la visión y las propuestas de venta únicas de su marca.

La identidad de su marca también incluye componentes visuales como logotipos, combinaciones de colores, tipografía e imágenes que en conjunto crean una apariencia reconocible y consistente.

Es esencial mostrar una imagen de marca para los emprendedores en Instagram, ya que ayuda a transmitir la historia y los valores de su marca a su público objetivo, fomentando la confianza y la lealtad y al mismo tiempo lo diferencia de sus competidores en un mercado en línea abarrotado.

Es necesario que mantenga consistencia en su marca, colores y logotipo.

Establecer metas y objetivos claros

Establezca sus objetivos comerciales: comience por decidir qué espera lograr con su presencia en Instagram. Aumentar el conocimiento de la marca, aumentar el tráfico del sitio web, generar clientes potenciales, aumentar las ventas o mejorar la interacción con el cliente son ejemplos de objetivos corporativos comunes.

Especifique sus objetivos: convierta sus objetivos corporativos en metas definidas y mensurables. Si su objetivo es mejorar las ventas, por ejemplo, un objetivo específico podría ser aumentar los ingresos por ventas online en un 20% durante el próximo trimestre.

Establezca objetivos inteligentes: asegúrese de que sus objetivos sean inteligentes, o específicos, mensurables, alcanzables, relevantes y con plazos determinados. Este marco garantiza que sus objetivos sean claros y factibles.

Sea específico: describa sus objetivos en detalle. Defina cómo medirá su éxito o crecimiento. Alcanzable: asegúrese de que sus objetivos sean razonables teniendo en cuenta los recursos disponibles.

Establecer metas y objetivos claros

Relevante: haga coincidir sus objetivos con todo su plan de negocios.

De duración determinada: establezca una fecha límite para completar sus objetivos.

Segmente sus objetivos: Es posible que tenga varios objetivos, dependiendo de su negocio. Crea objetivos a corto y largo plazo para cada uno de tus objetivos.

Las metas a largo plazo ofrecen una perspectiva más amplia, mientras que las metas a corto plazo pueden ayudarlo a ganar impulso y monitorear su progreso.

Asigne recursos: tenga en cuenta el tiempo, el dinero y el personal que necesitará para ayudarle a alcanzar sus objetivos. Asegúrese de tener las herramientas que necesita para implementar con éxito su estrategia de Instagram.

Establecer metas y objetivos claros

Revise y ajuste con frecuencia: vigile su desarrollo y revise sus objetivos y planes según sea necesario. Las herramientas de análisis de Instagram se pueden utilizar para monitorear los resultados y modificar gradualmente tu estrategia.

Comunique sus objetivos: si tiene un equipo, asegúrese de que todos los miembros del equipo estén conscientes de los objetivos y sepan cuál es su parte para lograrlos. La alineación y el trabajo en equipo se promueven a través de una comunicación clara.

Instagram puede ser una herramienta valiosa para profesionales de diversos campos por varias razones:

Marca personal: Instagram le permite construir y gestionar sus identidades profesionales y de marca. Puede demostrar sus conocimientos, enumerar sus éxitos y posicionarse como un líder intelectual en su campo.

Puede conectarse con compañeros, compañeros de trabajo, clientes y futuros colaboradores a través de la creación de redes. La creación de redes de Instagram puede generar posibilidades y colaboraciones valiosas.

Muestre su trabajo: Instagram ofrece una plataforma visualmente atractiva para que pueda mostrar su trabajo y atraer clientes o consumidores, ya sea artista, diseñador, fotógrafo o cualquier otro profesional con un portafolio visual.

Crear una cuenta comercial de Instagram

- Cambiar a una cuenta comercial: vaya a su perfil y toque las tres líneas horizontales en la esquina superior derecha. Luego, toque "Configuración" y seleccione "Cuenta". Toca "Cambiar a cuenta profesional".

- Elija una categoría comercial: elija la categoría que mejor describa su negocio.

- Conéctese a una página de Facebook: si tiene una página de Facebook para su empresa, conéctela a su cuenta de Instagram. Esto le permitirá publicar anuncios y acceder a funciones adicionales.

- Agregue detalles de contacto: incluya el correo electrónico o el número de teléfono de su empresa para que los clientes puedan comunicarse con usted fácilmente.

- Configure un perfil comercial: personalice su perfil comercial agregando una biografía que resalte la identidad de su marca y lo que ofrece. También puede agregar un enlace a su sitio web.

Cuenta comercial de Instagram

- Agregar botones de acción: Instagram ofrece botones de acción como "Llamar", "Correo electrónico" e "Indicaciones" que facilitan a los usuarios interactuar con su negocio.

- Optimización de perfil: utilice palabras clave relevantes en su biografía y asegúrese de que su imagen de perfil sea reconocible y de alta calidad.

- Estrategia de contenido: planifique su estrategia de contenido y decida qué tipo de contenido publicará, incluidas imágenes, videos, historias y Reels.

- Comience a publicar: comience a compartir contenido que resuene con su público objetivo y se alinee con la imagen de su marca.

BIOGRAFÍA DE INSTAGRAM

Una foto de perfil sencilla

1 o 2 palabras clave de búsqueda que las personas pueden usar para encontrar su cuenta, junto con su nombre (comience con cuentas en su nicho).

elizabethdowell

789
Correo

10k
Seguidores

1278
Siguiente

tu nombre: Tu nicho | Ejemplo: María Smith | Preparador de impuestos
Describe tu ocupación. | Compartiendo consejos de impuestos
Describe a quién o cómo ayudas. | Ayudarte con tus impuestos
Agregar llamado a la acción | Libro electrónico gratuito

www.TuEnlace.com

Utilice un enlace único para el enlace que está vinculado a su llamado a la acción. una página de destino o una tienda digital)

Tu llamado a la acción (¿qué quieres que hagan los visitantes de tu perfil?)

BIOGRAFÍA DE INSTAGRAM

CONECTAR Y CRECER
- Mango de IG: mantenlo fácil y relevante
- Nombre: ¿Quién eres? Agregue palabras clave relevantes
- Categoría: ¿Cuál es tu nicho?
- Biografía: ¿A qué te dedicas? ¿Para quién? ¿Que voy a obtener? ¿Por qué debería seguirte? ¿Cómo puedo conseguirlo o trabajar con ustedes? (CTA). Utilice palabras clave que utilizaría para buscar su propia cuenta.

HOJA DE TRABAJO:

PALABRAS CLAVE DE MI PERFIL:

TU NICHO:

QUIÉN O CÓMO AYUDAS:

LLAMADO A LA ACCIÓN

LLAMADO A LA ACCIÓN

TU ENLACE:

TAMAÑOS EN INSTAGRAM

PUBLICACIONES INDIVIDUALES
1080 × 1080 PÍXELES
1080 × 1350 PÍXELES

HISTORIAS Y REELS
1080 × 1920 PÍXELES

CARRUSELES
1080 X 1080 PÍXELES
1080 X 1350 PÍXELES

FOTO DE PERFIL
320 X 320 PÍXELES

PROPÓSITO DEL FORMATO

IMÁGENES INDIVIDUALES:
CRECIMIENTO DE LA CUENTA
INICIAR CONVERSACIONES
EDUCAR E INSPIRAR
AUMENTAR EL COMPROMISO

REELS:
CREAR CONCIENCIA
MÁS ALCANCE
CRECIMIENTO DE LA CUENTA

CARRUSELES:
CONVERSIÓN
IMPULSAR LA CONVERSACIÓN
EDUCAR E INSPIRAR
CRECIMIENTO DE LA CUENTA

HISTORIAS:
INICIAR CONVERSACIONES
AUTENTICIDAD
HUMANIZAR
GENERAR CONFIANZA

PROPÓSITO DEL FORMATO

ANUNCIOS PAGADOS:
CONVERSIÓN
CREAR CONCIENCIA
ALCANZAR MAS VISTAS

INSTAGRAM EN VIVO:
GENERAR CONFIANZA
INICIAR CONVERSACIONES
CONSTRUIR CREDIBILIDAD
AUMENTAR LA AUTENTICIDAD

CRECIMIENTO DE TU INSTAGRAM

- Identifica tu nicho

- Sigue 20 cuentas influyentes en tu nicho

- Activar post-notificaciones.

- Interacción temprana con su audiencia al dejar comentarios en sus publicaciones.

- Revise sus análisis para descubrir qué contenido le gusta a su audiencia.

¡Haz más de ese contenido que tanto gustó!

CRECIMIENTO DE TU INSTAGRAM

¡Haz más de ese contenido que tanto gustó!

HOJA DE TRABAJO

TIEMPO DE CONTENIDO

REELS
- 5-9 SEGUNDOS PARA DIVERSIÓN O ENTRETENIMIENTO.

HISTORIAS
- 2-5 FOTOGRAMAS DE FOTOS Y/O VÍDEOS POR DÍA.

CARRUSELES
- 5-10 DIAPOSITIVAS

INSTAGRAM EN VIVO"
- 15-20 MINUTOS. A LO LARGO DE
- 30-45 MINUTOS. CON INVITADO

DM/COMENTARIOS
- 5-15 PALABRAS PARA COMENTARIOS

LAS MEJORES FORMAS DE SER ENCONTRADO EN INSTAGRAM

- Elija un nombre de usuario que se destaque y sea fácil de leer y escribir.

- Publicar contenido en plataformas además de Instagram.

- Coloque una palabra clave en la sección "nombre" de su biografía para que los motores de búsqueda puedan encontrarla.

- Utilice texto alternativo para describir el contenido de su publicación y optimice los subtítulos con 3-5 palabras clave que definan el tema de su artículo.

HOJA DE TRABAJO

LAS MEJORES FORMAS DE SER ENCONTRADO EN INSTAGRAM

- Utilice texto alternativo para describir el contenido de su publicación y optimice los subtítulos con 3-5 palabras clave que definan el tema de su artículo.

- Los lugares que son cruciales para nuestro negocio deben anotarse en cada publicación.

- Publique contenido en todos los formularios disponibles en Instagram (en vivo, Reels, carruseles).

QUÉ PUBLICAR EN INSTAGRAM

- Publicaciones individuales: 2-3 por semana
- Reels: 1-2 por semana
- Historias: 3-5 por día
- Carruseles: 1 por semana
- IG Live: 1 semanal

HOJA DE TRABAJO

QUÉ PUBLICAR EN INSTAGRAM

PARA CREAR CONTENIDO DE INSTAGRAM

Reels:
- Eliminar el "ruido muerto"
- Incluir subtítulos en movimiento
- Comience con un gancho audio o visual
- Eliminar marcas de agua de TikTok
- Variar la ambientación de cada escena.
- Cargas en "Alta calidad"
- No te fíes sólo de las tendencias
- Al modificar en IG, guardar un borrador

PARA CREAR CONTENIDO DE INSTAGRAM

Publicaciones de imágenes
- Emplear publicaciones individuales y carruseles
- Las publicaciones deben tener 1080x1350 píxeles y no deben tener demasiadas fuentes.
- Dale prioridad a la primera línea de título Engancha con la segunda diapositiva del carrusel
- Aprovecha el espacio en blanco
- Sólo el 20% del texto de una diapositiva
- Editar imágenes con Lightroom

Historias
- Comparta de 3 a 5 veces al día, comercialice su empresa y no se limite a volver a publicar contenido. Incluya subtítulos al hablar.

PARA CREAR CONTENIDO DE INSTAGRAM

IG en vivo.
La duración recomendada es 1/30 minuto.
Incluir visitantes. Hazlo semanal o quincenalmente.
4/ Promocionar previamente en Stories

NOTAS:
_____
_____
_____
_____
_____
_____
_____
_____
_____
_____
_____
_____
_____
_____
_____
_____

PUBLICAR PARA CADA TIPO DE CONTENIDO

POST

- Listas de verificación
- Memes
- Citas
- Rutinas
- Personal
- Mitos
- Fondos de pantalla
- Muestras de trabajo
- Fotos de tu equipo
- Infografías
- Moodboard
- Promoción

REELS

- Tutoriales
- Entre bastidores
- Antes y después de
- Tendencias
- sketch de actuación
- Producto
- Reseñas
- Preguntas y respuestas
- Dia en tu Vida

CARRUSELES

- Tutoriales
- Photo dump
- Kit de herramientas
- Caso de Estudios
- Cómo...
- Guías
- Planos
- Estrategia
- Guías
- Producto
- Escaparate
- Colaboración

HISTORIAS

- Preguntas y respuestas
- Centro
- Pregúnteme
- Cualquier cosa
- Entre bastidores
- Cliente
- Cliente
- Reseñas
- Enlace
- Pegatinas
- Cuenta regresiva
- Producto, Promoción
- Lanzamiento

NOTAS:
___
___
___
___
___
___
___
___
___
___
___
___
___
___
___
___
___
___

HOJA DE TRABAJO

ESCRIBA LAS PREGUNTAS FRECUENTES DE SUS CLIENTES:

_____
_____
_____
_____
_____
_____
_____
_____
_____
_____
_____
_____
_____
_____
_____
_____
_____
_____
_____
_____

ESTRATEGIA DE CONTENIDOS

Contenido entretenido
- Memes
- Reels de audio de tendencia
- Publicaciones de narración de historias
- Reels relacionados
- Detrás de escena

Contenido promocional
- Testimonios
- Estudios de caso
- Lanzamientos de productos (IG Live)
- Cupones/Ventas Sorpresa

Contenido educativo
- Preguntas y respuestas
- Ahorradores de tiempo
- Tutoriales
- Infografías
- Guías paso a paso | Cómo

Atractivo Contenido

- Encuestas de historias
- cuestionarios
- Sorteos
- Publicaciones de opinión

Impulsar el contenido

- Entrevistas en vivo
- Publicaciones de colaboración
- Publicaciones de invitados
- Publicaciones de la página de curación

NOTAS:
_____
_____
_____
_____
_____
_____
_____
_____
_____
_____
_____
_____
_____

HOJA DE TRABAJO

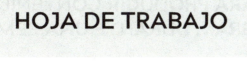

ROW PARA PRODUCIR CONTENIDO DE INSTAGRAM DURANTE UNA SEMANA

IDEA GENIAL
- Dedica 40 minutos por semana
- Lee tus comentarios
- Utilice AnswerThePublic
- Consulta Reddit y Quora
- Preguntas frecuentes
- Consultar contenido anterior
- Comprobar competencia

ESTRATÉGICO
- Decide qué formato tendrá cada publicación: publicación única, Reels, carrusel o historia
- Escribe el guión para todos tus Reels: usa Chat GPT
- Escribe lo que dirán/enseñarán tus publicaciones: usa gancho y subtítulos

CREAR

- Filme todo su contenido de video de una sola vez: use la aplicación Capcut.
- Diseña los gráficos de tus publicaciones y reúne tus fotos: Crea tu publicación en Canva. También puedes copiar y cambiar el tamaño de tu publicación en Reels.

CRONOGRAMA

- Decide qué día compartirás cada publicación
- Utilice una herramienta de programación: Facebook ofrece un programador GRATUITO
- Escribe tus subtítulos y hashtags: usa Chat GPT.
- Escribe 3 hashtags para cada publicación.

HOJA DE TRABAJO

CONSEJOS DE CRECIMIENTO DE INSTAGRAM

- Comparta contenido con su audiencia (películas, fotografías e historias) para mantenerse actualizado.

- Envía mensajes a 5 nuevas cuentas o conexiones para construir tu comunidad. Dejar comentarios.

- Guarde 3 artículos que hayan funcionado bien en su nicho para inspirarse en contenidos futuros.

- Interactúe con otras cuentas durante 40 minutos, intercambiando comentarios, DIM, etc.

- Publica algunas historias de Instagram.

- Publica al menos un carrete por semana para hacer esto.

- Dar instrucciones utiliza un llamado a la acción.

- Colabora con otro creador de contenido.

- Responder a Historias.

LLAMADOS A LA ACCIÓN PARA USAR

Toca dos veces Pulsa von can relatar	Envíame un DM para más información sobre	¿Estás de acuerdo?	Lea el título para más
Toca dos veces para llenar el corazón	¿Qué piensas sobre esto?	compártelo si lo encontraste útil	Deja un emoji si aceptar
Comentario ____ más información	Guarda esto y pruébalo. tú mismo	Guarda esto para que no lo olvides.	Activar notificaciones de publicaciones
envíame un mensaje privado a aprende más	Haz clic en el enlace de mi biografía.	Has probado este____?	Revisa mi Historias para más
Envía esto a alguien que	Comenta tu emoji favorito	Guarde esto para cuando VOU__	Seguir para más consejos sobre

OTROS CTA DE MI INDUSTRIA/NICHO

_____
_____
_____
_____
_____
_____
_____
_____
_____
_____
_____
_____

IDEAS DE CONTENIDO

PARA AUMENTAR LA EXPOSICIÓN Y LA PARTICIPACIÓN:

7 favorito publicación de la semana	Volver a publicar la publicación de alguien	Compara dos herramientas que utilizas	Vistazo del proyecto actual
actualización de la industria	industria memes	Lista de Verificación de la industria	Tu YouTube favorito canales
industria prueba	Comparte un logro	Publicación de networking	Venta/ promoción
Contar una historia	Comparten un éxito del cliente	Responde tus preguntas frecuentes	"Pregúnteme cualquier cosa en los comentarios"
Cuenta tu historia de la banda	Organizar un IG vivir	recrear un publicación antigua	Cita del creador favorito

OTRAS IDEAS PARA MI NICHO/INDUSTRIA
_____
_____
_____
_____
_____
_____
_____
_____
_____
_____
_____
_____

IDEAS FÁCILES PARA PUBLICACIONES

Infografías	Responder Preguntas de tus mensajes directos	Trucos favoritos	Enseña tu producto Obras
Explicar Noticias de la Industria	Cita Motivadoras	Rutina diaria	Convertir un Carrusel en carrete
Consejo rápido	Comparta una guía estratégica de 5 pasos	Derribar de 3 a 5 mitos en tu nicho	Plantillas
3 o 5 pasos Guía	Comparte el testimonio de un cliente	Metas Semanales	Descomponer tu rutina diaria
Responder con un Reels Responder	Las 5-7 mejores herramientas	Comparte 3 libros que te gusten.	Muestra un tutorial

IDEAS PARA PUBLICAR

_____
_____
_____
_____
_____
_____
_____
_____
_____
_____
_____
_____
_____

INICIADORES DE "CAPTIONS"

"La vida es demasiado corta para..."	"¿Cuál es tu forma favorita de..."	"Toma tu bebida favorita y hablemos de..."	"Aquí hay un adelanto de..."
"Así es como superé un..."	"Sólo un recordatorio amistoso de que..."	"Cinco estrategias comprobadas para..."	"La historia detrás de nuestra misión: "
"Dé un adelanto de mi trabajo o de mi día a día"	"¡Grandes noticias llegarán la próxima semana!	"¿Sabías que el primero..."	"Aquí tienes un truco para ahorrar tiempo y mejorar tu..."
"Sentirse agradecido por..."	"Si estás buscando algo aquí lo tienes."	"¿Podemos tomarnos un momento para apreciar...?	"Listo para embarcarnos en una nueva aventura..."
"etiquétanos en tus fotos..."	"Etiqueta a un amigo que necesita ver esto"	¡Únete a nuestro desafío compartiendo tus objetivos para la semana!	"Es hora de otro #FridayChallenge"

OTROS CAPTIONS DE MI NICHO:
_____
_____
_____
_____
_____
_____
_____
_____
_____
_____
_____
_____

HOJA DE TRABAJO

DESPUÉS DE PUBLICAR EN INSTAGRAM

Para aumentar la exposición y la participación:

Publica una historia que describa el tema de tu publicación más reciente y luego compártela también.

Participa: con cualquiera a quien le haya gustado o haya compartido tu publicación anterior para que pueda verla.

Mire Historias y participe en 5 a 10 debates DM respondiéndoles.

Fija tres comentarios que sean relevantes para tu tema.

Responde a todos los comentarios realizados en tu publicación.

DESPUÉS DE PUBLICAR EN INSTAGRAM

- Comparte tu publicación en tu historia y asegúrate de escribir algo sobre tu publicación.

- Pin 3 mejores comentarios

MÁS ALCANCE EN INSTAGRAM

Mejorando tu publicación

Lugar: incluya el lugar cada vez si le interesa la audiencia local.

Incluya un gancho con cada publicación.

La gente prefiere los elementos visuales, ya sean fotografías, gráficos o vídeos.

CTA: describe el tipo de interacción que quieres que las personas tengan con la publicación.

Cuando publique el artículo, agregue texto alternativo para describirlo.

Anime a las personas a tocar "más" con una primera oración convincente, un título.

Coloque hashtags en el título y simplemente use algunas palabras clave específicas.

¿QUÉ PUBLICAR SI NO TIENES TIEMPO?

- Recicle y comparta contenido previamente exitoso.

- En tus historias, haz una pregunta y crea una publicación o historia con la respuesta.

- Comparta una noticia que sea relevante para su campo.

- Proporciona consejos o trucos sencillos a tus seguidores.

- Comparta sus pensamientos y comentarios sobre una tendencia en su área de especialización.

- Publica un artículo sobre las herramientas que utilizas con más frecuencia.

HOJA DE TRABAJO

TÍTULOS QUE ATRAEN

- Descubra el secreto que todos quieren saber.

- Lo que nadie te ha contado sobre [Tema de publicación].

- 5 cosas sorprendentes que aprenderás hoy.

- ¿Por qué [Tema de publicación] cambiará tu vida?

- El camino rápido hacia el dominio [tema de publicación].

- El gran debate: [Tema principal] versus [Tema relacionado].

- [Tema de publicación]: Mitos y Realidades.

- Los 3 errores más comunes en [Tema de publicación].

- Cómo convertirse en un experto en [tema de publicación] en solo 10 días.

- [Tema de la publicación]: ¿Exageración o realidad?

HOJA DE TRABAJO

IDEAS DE HISTORIAS DE INSTAGRAM PARA GENERAR CONFIANZA

- Comparte la historia de un cliente
- Muestre los resultados reales que pudo lograr
- Habla sobre tu propia experiencia con xyz.
- Aparece y habla sobre la publicación de hoy.
- Ofrezca una sesión de preguntas y respuestas utilizando la etiqueta de preguntas
- Comparte un bts de tu servicio al cliente.
- Muestra tu verdadero detrás de escena
- Comparta el testimonio o reseña de un cliente
- Habla sobre una queja de un cliente y cómo la resolviste.
- Tu rutina matutina
- Trabajo de escritorio o de oficina
- Pedidos de desembalaje
- Vibraciones de entrenamiento

Recordar:
Céntrese en el valor, no en la promoción.
Habla directamente con tu audiencia.
Prioriza la autenticidad.

¿QUÉ ES UN NICHO?

- Un nicho de negocio es un área especializada o enfocada. Cuando haces un nicho hacia abajo, buscas el punto dorado.

- Una vez que haya encontrado su nicho, lo guiará a través de toda su estrategia de marketing.

- Ejemplos de nicho:
    - Industria: Impuestos para trabajadores autónomos Nicho: Contratista, Uber Drives, camioneros, etc.

TRUCOS SOBRE DATOS DEMOGRÁFICOS DE PARTICIPACIÓN EN INSTAGRAM

- Coloca etiquetas
- Utiliza palabras clave de nicho
- Coloca las ubicaciones relevantes
- Añade palabras clave de interés del público objetivo
- Utiliza las tendencias industriales
- Hashtags de la competencia
- Hashtags de campaña
- Ubicaciones de tu zona
- Ubicaciones del público objetivo
- Ubicaciones de nicho populares
- Ubicaciones locales populares
- Ubicaciones de competidores locales

HOJA DE TRABAJO

HASHTAGS DE MI NICHO:
_____
_____
_____
_____
_____
_____
_____
_____

HASHTAGS DE MI INDUSTRIA:
_____
_____
_____
_____
_____
_____
_____
_____
_____
_____
_____
_____
_____
_____

AJUSTES DE VIDEO PARA CREAR MEJORES REELS

- Configure la cámara de su teléfono en 1080p × 60 fps.
- Asegúrate de tener buena iluminación.
- Limpia la lente de tu cámara.
- Usa la cámara trasera.
- Active las cargas de alta calidad: configuración> uso de datos> producciones de alta calidad.
- Asegúrate de tener una conexión Wi-Fi buena y estable.
- ¡Deshazte de los filtros! Los filtros tienden a disminuir la calidad del video.
- Asegúrate de tener activadas las cargas de alta calidad. Con la configuración nueva y actualizada de Instagram, es: configuración > uso de datos > cargas de alta calidad

POSTE DEL CARRUSEL

PORTADA:
- ¡Tu portada es la página más importante!
- Consejos profesionales:
- Mantenlo limpio y simple
- Asegúrese de que sea relevante para su público objetivo
- Utilice palabras clave y palabras poderosas
- Incluir un CTA relevante
- Usa números impares
- Etiqueta tu propio perfil en él.

POSTE DEL CARRUSEL

2 PÁGINA:
- Esta página debe actuar como una segunda portada, porque se mostrará en el feed de personas en lugar de en la primera página una vez que hayan pasado por tu publicación sin interactuar con ella.
- Consejos profesionales:
- Mantenlo simple
- Proporcionar contexto
- Añade un gancho relevante
- Y una llamada a la acción o mensaje para despertar la curiosidad de las personas por aprender.
- Asegúrate de que la imagen sea tan impresionante o llamativa como la portada.

POSTE DEL CARRUSEL

3 y 4 PÁGINAS:
- Estas páginas agregan valor adicional o cuentan la historia.
- Consejos profesionales:
- Manténgalo simple, limpio y relevante, sin tonterías.
- ¡No sobrecargues las páginas!
- Asegúrese de que la alineación general del texto y los elementos esté limpia
- Siempre que sea posible, intente que cada página individual se pueda guardar o compartir.

POSTE DEL CARRUSEL

ÚLTIMA PÁGINA:
- ¡Tu última página es tu oportunidad de convertir y alcanzar tus objetivos!
- Consejos profesionales:
- Añade una CTA relevante
- sigue para más
- inscribirse
- comprar ahora
- Haz que se destaque
- cambiar el color
- agrega tu logo o IG
- manejar
- Etiqueta tu propio perfil en él.

POSTE DEL CARRUSEL

SUBTÍTULOS (Caption):
- Tus subtítulos importan más de lo que piensas.
- Consejos profesionales:
- Agregue un gancho o título relevante y atractivo a su título que despierte la curiosidad de las personas:
- Aprende más
- Léelos
- Interactuar con ellos
- Agregue más valor y utilice palabras clave.
- Agrega una CTA relevante y personalizada.

POSTE DEL CARRUSEL

ETIQUETAS (Hashtags):

- Sepa qué hashtags funcionan mejor para su contenido y página para:

- Comience a clasificarse en la parte superior de las páginas de hashtags relevantes

- Recibe recomendaciones para las personas que siguen los hashtags

- Aparece en los feeds de personas interesadas en los temas sobre los que publicas.

- Ayuda a Instagram a categorizar tu página y contenido

HOJA DE TRABAJO

IDEAS PARA CARRUSELS:

HOJA DE TRABAJO

IDEAS PARA CARRUSELS:

¡APRENDA MÁS SOBRE LOS COLORES!

- PUREZA O INOCENCIA
- PROFESIONALISMO, FORMALIDAD, CONVENCIONALISMO
- ELEGANCIA, POTENCIA Y SOFISTICACIÓN.
- SALUD, CALIDEZ Y HONESTIDAD.
- FELICIDAD, ESPERANZA Y ESPONTANEIDAD
- CREATIVIDAD, JUVENTUD Y ENTUSIASMO
- ENERGÍA, PASIÓN Y PELIGRO
- FEMINIDAD, ALEGRÍA Y ROMANCE
- LUJO, MISTERIO Y ESPIRITUALIDAD
- CALMA, CONFIANZA E INTELIGENCIA
- NATURALEZA, CRECIMIENTO, ARMONÍA, RIQUEZA, ESTABILIDAD

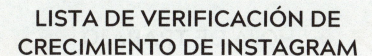

LISTA DE VERIFICACIÓN DE CRECIMIENTO DE INSTAGRAM

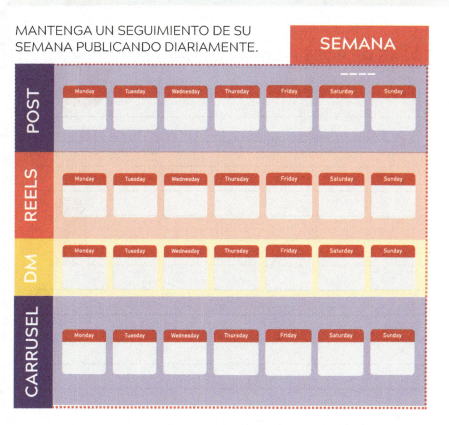

- Comparta contenido con su audiencia (películas, fotografías e historias) para mantenerse actualizado.

- Envía mensajes a 5 nuevas cuentas o conexiones para construir tu comunidad

- Guarde 3 artículos que hayan funcionado bien en su nicho para inspirarse en contenidos futuros.

- Interactúe con otras cuentas durante 40 minutos, intercambiando comentarios, DIM, etc.

HOJA DE TRABAJO

IDEAS DE POST PARA LA SEMANA:

LISTA DE VERIFICACIÓN DE CRECIMIENTO DE INSTAGRAM

- Comparta contenido con su audiencia (películas, fotografías e historias) para mantenerse actualizado.

- Envía mensajes a 5 nuevas cuentas o conexiones para construir tu comunidad

- Guarde 3 artículos que hayan funcionado bien en su nicho para inspirarse en contenidos futuros.

- Interactúe con otras cuentas durante 40 minutos, intercambiando comentarios, DIM, etc.

HOJA DE TRABAJO

IDEAS DE POST PARA LA SEMANA:

LISTA DE VERIFICACIÓN DE CRECIMIENTO DE INSTAGRAM

- Comparta contenido con su audiencia (películas, fotografías e historias) para mantenerse actualizado.

- Envía mensajes a 5 nuevas cuentas o conexiones para construir tu comunidad

- Guarde 3 artículos que hayan funcionado bien en su nicho para inspirarse en contenidos futuros.

- Interactúe con otras cuentas durante 40 minutos, intercambiando comentarios, DIM, etc.

HOJA DE TRABAJO

IDEAS DE POST PARA LA SEMANA:

LISTA DE VERIFICACIÓN DE CRECIMIENTO DE INSTAGRAM

- ·Comparta contenido con su audiencia (películas, fotografías e historias) para mantenerse actualizado.

- Envía mensajes a 5 nuevas cuentas o conexiones para construir tu comunidad

- Guarde 3 artículos que hayan funcionado bien en su nicho para inspirarse en contenidos futuros.

- Interactúe con otras cuentas durante 40 minutos, intercambiando comentarios, DIM, etc.

HOJA DE TRABAJO

IDEAS DE POST PARA LA SEMANA:

LISTA DE VERIFICACIÓN DE CRECIMIENTO DE INSTAGRAM

- Comparta contenido con su audiencia (películas, fotografías e historias) para mantenerse actualizado.

- Envía mensajes a 5 nuevas cuentas o conexiones para construir tu comunidad

- Guarde 3 artículos que hayan funcionado bien en su nicho para inspirarse en contenidos futuros.

- Interactúe con otras cuentas durante 40 minutos, intercambiando comentarios, DIM, etc.

HOJA DE TRABAJO

IDEAS DE POST PARA LA SEMANA:

LISTA DE VERIFICACIÓN DE CRECIMIENTO DE INSTAGRAM

- Comparta contenido con su audiencia (películas, fotografías e historias) para mantenerse actualizado.

- Envía mensajes a 5 nuevas cuentas o conexiones para construir tu comunidad

- Guarde 3 artículos que hayan funcionado bien en su nicho para inspirarse en contenidos futuros.

- Interactúe con otras cuentas durante 40 minutos, intercambiando comentarios, DIM, etc.

HOJA DE TRABAJO

IDEAS DE POST PARA LA SEMANA:

Agradecimientos

Primero a Dios por todas sus bendiciones, a mi familia por aguantarme con todas mis ideas y a mi amiga María Montalvo por leer este libro y ayudarme sin dudar cuando lo requerí.

Made in the USA
Columbia, SC
07 November 2023